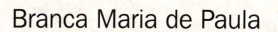

Branca Maria de Paula

PACÍFICO
o gato

Projeto gráfico:

Antonio Cestaro

Ilustrações:

Helenio Martins

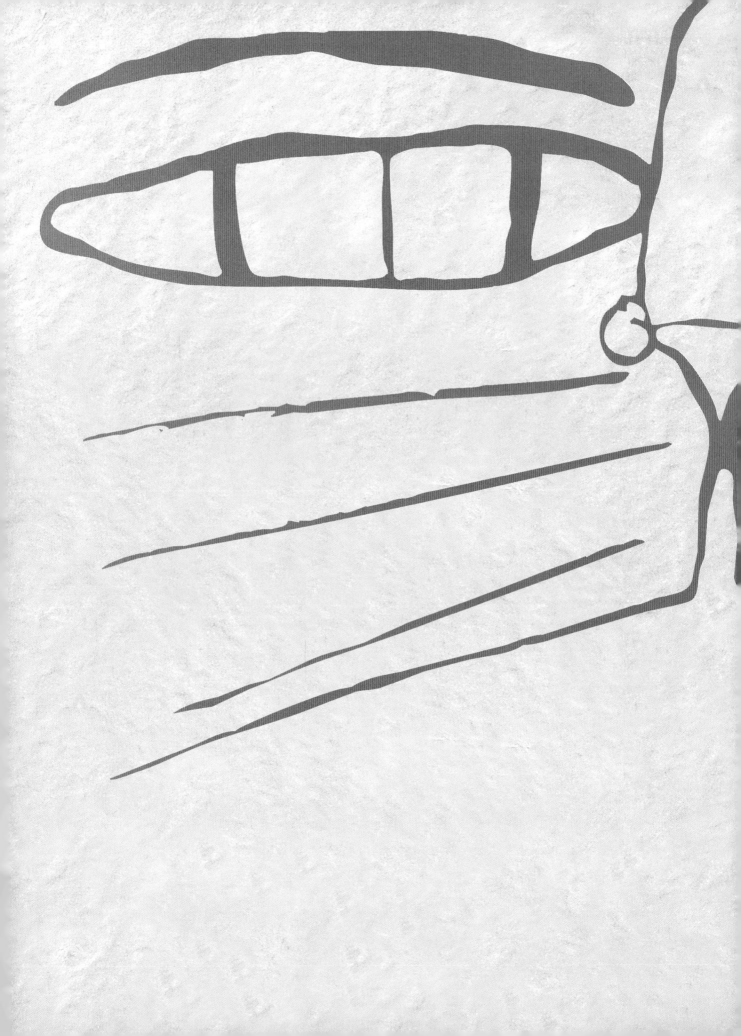

*Para Bianca,
que acorda lembranças
e ilumina novos caminhos
a serem trilhados*

Eu tenho um gato.
Distraído, ele passa o rabo no meu nariz.
Aí eu espirro e mamãe se assusta, achando que vou gripar.

Pacífico pula na geladeira e na cristaleira.
Vovó vive repetindo: – Viu? Foi por um triz!

Quando está com fome, ele mia.
Quando tem sede, bebe água da pia.

Se quer atenção, ele apronta confusão.
Se quer carinho, mia à toa, numa boa.

Para cada coisa que sente,
tem um miado diferente.
O resto do tempo,
ele passeia sozinho
ou dorme aqui e ali,
todo enroladinho.

De vez em quando, Pacífico salta o muro.
E lá vai ele, na maior cara de pau,
beber leite na casa da vizinha.
Mas eu não ligo nem fico de mal.

Se aparece, faço festa.
Bato palma e canto, a tristeza espanto.

Em tudo ele mete o focinho.
Rouba linguiça, salsicha, toucinho.
Aos poucos, isso vai ficando natural.
Para falar a verdade,
vai virando coisa normal.

Pacífico adora dar cambalhotas no ar,
como se fosse trapezista.
Outras vezes, banca o equilibrista:
fica se exibindo nas alturas.
Nem se importa com meus apuros.

Depois, inventa de sair em disparada, a troco de nada.
Levo susto, fico toda arrepiada...

Se faz arte, parte feito foguete,
com medo de ser castigado.
Debaixo do tapete se esconde, mas o rabinho
sempre fica de fora...

Quando cisma de afiar as unhas no sofá, a coisa fica preta.
Mamãe vem com surra de jornal e chineladas
a torto e a direito.
Se me intrometo, até para mim sobram palmadas.

Outro dia, com ele passei um aperto daqueles!
Pacífico engrossou o rabo, miou alto e mostrou as garras.
Todo ouriçado, virou fera.
Queria, porque queria, brigar com o cachorro do guarda.

Mas pior ainda foi o susto da cozinheira, a Conceição.
Assim que Pacífico sentiu cheiro de peixe,
aprontou a maior confusão.
Miava agudo e aflito, uma coisa de arrepiar.

– Cruz-credo,
parece que o bichano
viu assombração!
– ela gritou para as panelas.

Feito bicho do mato,
Pacífico arranhou
as pernas da coitada,
que outra vez berrou
desesperada:

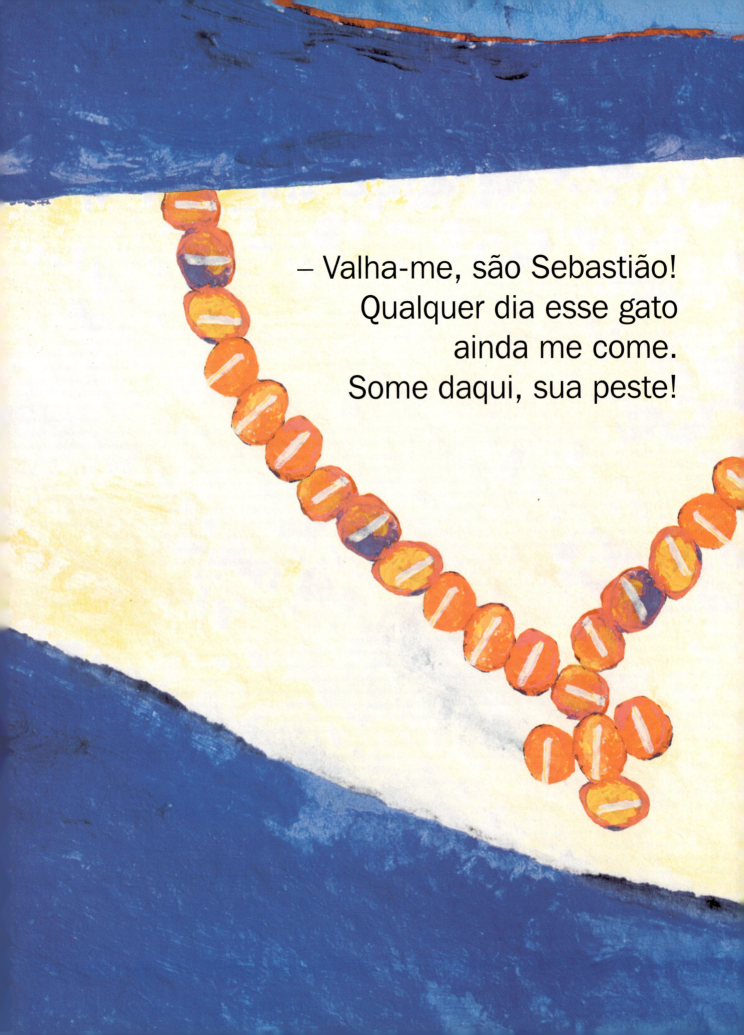

– Valha-me, são Sebastião!
Qualquer dia esse gato
ainda me come.
Some daqui, sua peste!

Ela é sempre assim, exagerada.
De uma hora pra outra, tudo vira drama.
Ou samba, sei lá.

Eu tenho um gato, mas ele não é meu.
Apareceu um dia no muro lá de casa, magro de dar dó.
Veio não sei de onde, vai não sei para onde.

Mamãe diz que é um gato vadio. Tipo frio.
Qualquer dia ele some pra valer.

Se for embora, não será por maldade.
Pacífico gosta de rua.
Gosta de aventura, sei lá.
Vou sentir saudade.

Eu acredito em gatos. Desde pequena acredito em gatos. São criaturas que podem nos ensinar muitas coisas e que não se deixam enganar. Vivem em sintonia com eles mesmos, na maior elegância. Sabem relaxar quando a casa está vindo abaixo e apostam na própria independência. Brincalhões e espertos, nada lhes escapa. Carinho, só quando querem. Esta história foi inspirada em uma gata magrelinha que apareceu lá em casa, quando a gente ainda morava em casa, e os meninos eram pequenos. Paula, a mais velha da turma, adotou-a imediatamente. Cézar, Victor e eu também ficamos apaixonados por ela. Já não lembro como se chamava, nem que fim levou, pois chegamos a ter treze gatos. O tempo passou e hoje não temos bicho nenhum. Dedico *Pacífico* à Bianca, filha da minha filha.

Branca Maria de Paula

É sempre um prazer ilustrar o gato, sempre voluptuoso e felino. Sempre de pelo vistoso. Carinhoso. O prazer de mostrar às outras pessoas o carinho pelo gato, sempre senhor da casa. Retribuindo o bem querer dos donos. Obrigado ao gato por mais esta oportunidade.

Aldemir Martins